**Sascha Hammel, Stephen Collier, Joachim Hüter**

# InDesign: Das kleine 1x1

## Eine Kurzanleitung in InDesign

GRIN Verlag

**Bibliografische Information der Deutschen Nationalbibliothek:**

Die Deutsche Bibliothek verzeichnet diese Publikation in der Deutschen National-
bibliografie; detaillierte bibliografische Daten sind im Internet über http://dnb.d-
nb.de/ abrufbar.

**Impressum:**

Copyright © 2009 GRIN Verlag GmbH
Druck und Bindung: Books on Demand GmbH, Norderstedt Germany
ISBN: 978-3-640-47349-6

**Dieses Buch bei GRIN:**

http://www.grin.com/de/e-book/135886/indesign-das-kleine-1x1

**GRIN - Your knowledge has value**

Der GRIN Verlag publiziert seit 1998 wissenschaftliche Arbeiten von Studenten, Hochschullehrern und anderen Akademikern als eBook und gedrucktes Buch. Die Verlagswebsite www.grin.com ist die ideale Plattform zur Veröffentlichung von Hausarbeiten, Abschlussarbeiten, wissenschaftlichen Aufsätzen, Dissertationen und Fachbüchern.

**Besuchen Sie uns im Internet:**

http://www.grin.com/

http://www.facebook.com/grincom

http://www.twitter.com/grin_com

# InDesign
## Das kleine 1 x 1

Ein Skript von:

Stephen Collier

Sascha Hammel

Joachim Hüter

# Inhalt

Bevor es losgeht   3

InDesign starten   4

Seiten hinzufügen und verwalten   5

Dokumente neu erstellen   8

Text eingeben und importieren   10

Textrahmenoptionen festlegen   12

Einfache Textformatierung vornehmen   14

Absätze formatieren   15

Formate erstellen   17

Seiten paginieren   18

Grafiken einfügen   20

Inhaltsverzeichnisse erstellen   23

Letzte Kontrolle durchführen   25

Dokumente drucken   26

Dokumente speichern und schließen   27

Literatur zu InDesign CS3 (Auswahl)   30

# Bevor es losgeht

Adobe InDesign hat sich zum führenden Layout-Programm entwickelt. Bei QuarkXPress, das vormals die Spitzenposition im Bereich DeskTop-Publishing (DTP) besetzt hat, ist in den letzten Jahren die „Milch schnell sauer" geworden und viele User haben sich davon ab- und InDesign zugewendet. Damit ist InDesign heute also schlicht und einfach der Standard für Satzprogramme.

Die wesentlichen Aufgaben einer DTP-Software bestehen in der Möglichkeit, Texte, Bilder und Grafiken in einem Dokument zu integrieren und diese für die professionelle Reproduktion vorzubereiten und zu optimieren. Einsteiger haben es mit InDesign relativ leicht, diese Layout-Arbeiten zu erledigen, denn das Programm besitzt eine klare und durchdachte Struktur. Doch trotz des logischen Aufbaus und der aufgeräumten Arbeitsoberfläche ist die Fülle der Funktionen fast unüberschaubar.

Dieser Schnelleinstieg in das Programm von Studenten für Studenten ist aus diesem Grund nur der erste Schritt in die Welt von InDesign. Er soll bekannt machen mit der InDesign-Oberfläche, Werkzeuge bzw. Einstellungen vorstellen und beschränkt sich in aller Kürze darauf, grundlegende Funktionen von InDesign in der Version CS3 zu präsentieren. Die Informationen reichen aus, ein neues Dokument zu erstellen, einfache Formatierungen vorzunehmen und Bilder oder Grafiken einzufügen.

Wer nach diesem Appetithäppchen Geschmack auf mehr bekommen hat, findet anhand der Hinweise zu weiter führender Literatur auf S. 30 eine Reihe ausgewählter Fachbücher, die Auskunft geben über den kompletten Umfang der Funktionen dieser Software.

Noch ein Hinweis zur Nutzung dieser Anleitung: Im Text sind bestimmte Programmelemente an der jeweiligen Formatierung zu erkennen. Beispielsweise werden Ordnernamen immer kursiv geschrieben. Die Formatierungen im Text haben folgende Bedeutung:

KAPITÄLCHEN
kennzeichnen alle vom Programm vergebenen Bezeichnungen für Schaltflächen, Register, Gruppen usw.

*Kursivschrift*
kennzeichnet alle vom Anwender zugewiesenen Namen wie Dateinamen, Verzeichnisse sowie Hyperlinks und Pfadangaben

GROSSBUCHSTABEN
verweisen auf Menüpunkte (z.B. auf den Menüpunkt DRUCKEN – SCHNELLDRUCK)

Wir wünschen uns, dass Ihr bald begeisterte InDesign-Anwender seid! Unsere kleine Broschüre soll Euch dazu eine schnelle und einfache Einstiegshilfe sein.

Die Autoren

# InDesign starten

### Der Begrüßungsbildschirm

Nach dem Programmstart wird standardmäßig der Begrüßungsbildschirm (Abb. 1) eingeblendet, über den kannst Du

✓ bestehende Dokumente öffnen ①,
✓ ein neues Dokument mithilfe einer Vorlage erstellen ②,
✓ ein neues leeres Dokument, ein Buch oder eine Bibliothek
  ③ erstellen und
✓ Informationen zu InDesign aus der Hilfe ④ oder
  aus dem Internet ⑥ anzeigen lassen.

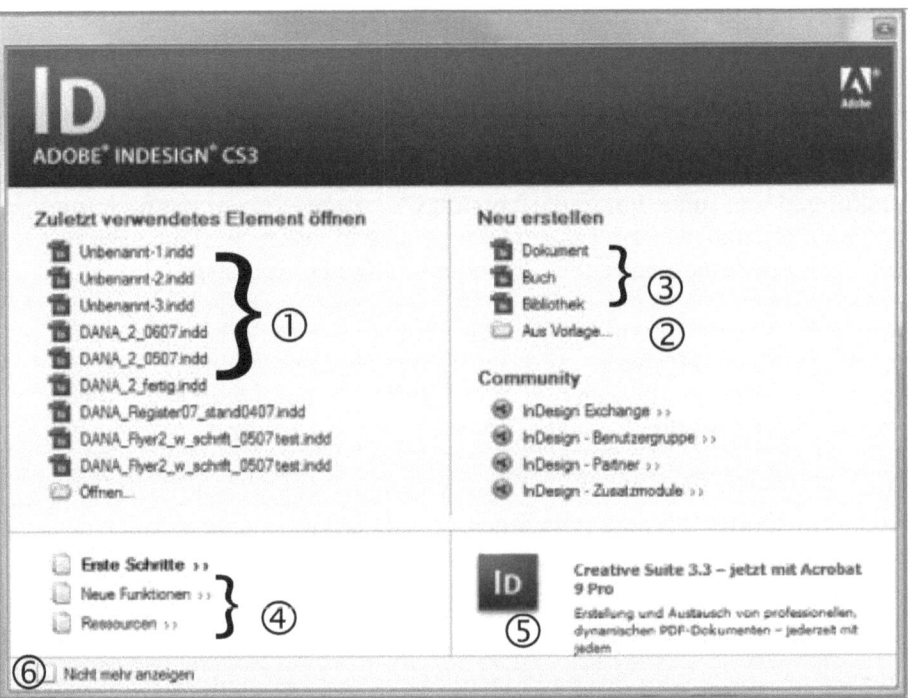

**Abbildung 1:**
Der Begrüßungsbildschirm
von InDesign

Das Dialogfenster lässt sich über das Symbol [×] ausblenden. Eine
erneute Anzeige beim nächsten Programmstart kann durch das
Anklicken des Kontrollfeldes ⑥ verhindert werden.

### Das Anwendungsfenster

Nach dem Start des Programms erscheint das InDesign-Anwendungs-
fenster (Abb.2). Dieses Enthält sowohl InDesign-spezifische als auch
Windows-Standardelemente.

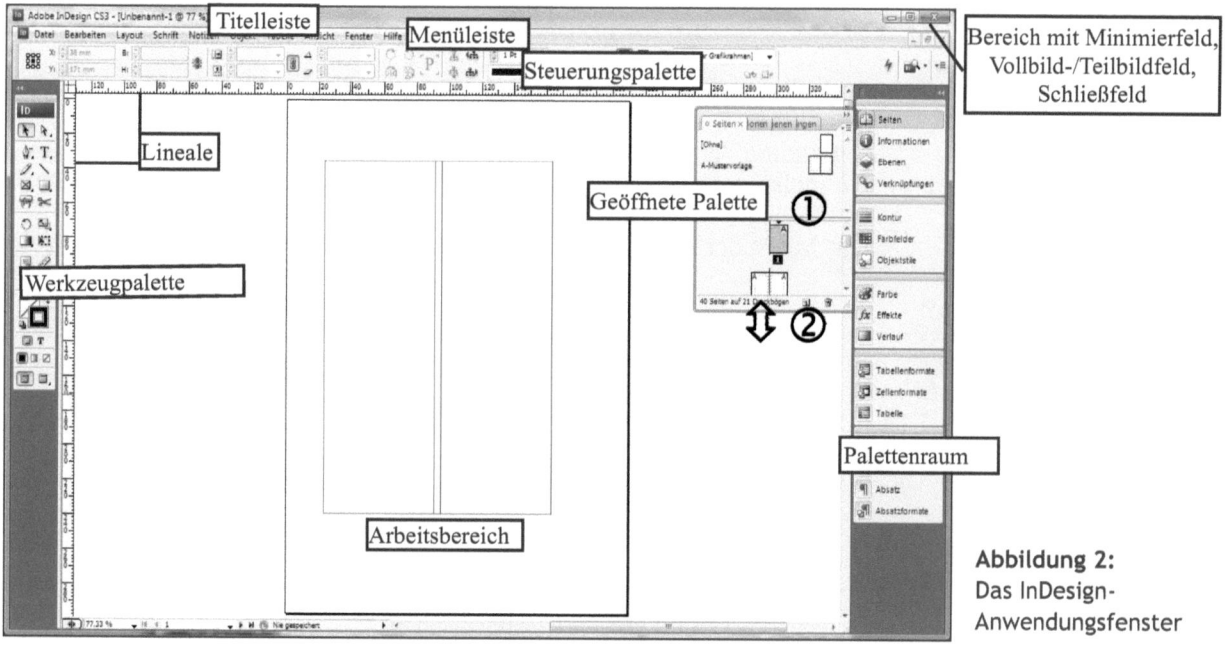

**Abbildung 2:**
Das InDesign-
Anwendungsfenster

## Arbeitsplatz vergrößern durch Ausblenden der Paletten

✓ Um während der Arbeit schnell die Paletten (außer der Werkzeugpalette) aus- und wieder einzublenden, betätigst Du die Tastenkombination ⎡UMSCHALTEN⎤ + ⎡↹⎤

Paletten ein- & ausblenden
⎡UMSCHALTEN⎤ + ⎡↹⎤

✓ Möchtest Du dabei auch die Werkzeugpalette und die Steuerungspalette aus- bzw. einblenden, betätige stattdessen nur die
⎡↹⎤ -Taste.

✓ Ausgeblendete Paletten lassen sich vorübergehend einblenden,
indem Du auf den rechten Rand des Anwendungsfensters zeigst.

# Seiten hinzufügen und verwalten

## Seitenpaletten einblenden

Die Seiten Deines Dokuments kannst Du über die Seitenpalette verwalten.
Blende die Seitenpalette (Abb.3) wie folgt ein bzw. aus:

✓ Klicke im Palettenraum auf die Seitenpalette ①.
Alternativen: Menüpunkt FENSTER - SEITEN oder ⎡F12⎤

Seitenpaletten einfügen
⎡F12⎤

✓ Bei Bedarf kannst Du die Palette durch Ziehen des unteren
Randes vergrößern ②.

## Seitenpalette ausblenden

Die Seitenpaletten lassen sich wie alle anderen Paletten im Palettenraum
auf folgende Weise ausblenden:

✓ Klicke auf das Symbol ▸▸ in der oberen rechten Ecke der
Palette.

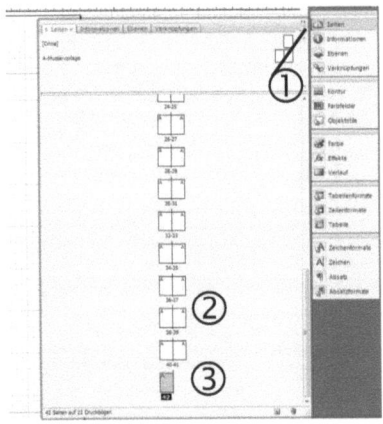

**Abbildung 3:**
Seitenpalette einblenden
und vergrößern

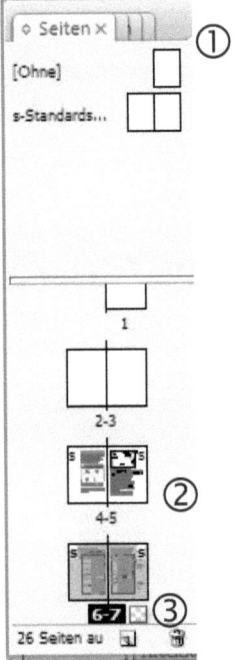

**Abbildung 4:**
Mit Seitenpalette navigieren

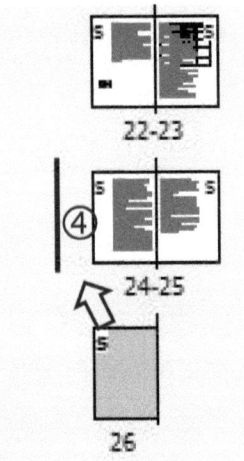

**Abbildung 5:**
Seiten verschieben

## Seiten über die Seitenpalette verwalten

Mithilfe der Seitenpalette kannst Du zwischen Seiten wechseln, neue Seiten hinzufügen, Seiten neu anordnen und, falls erwünscht, Seiten löschen. Durch Betätigung der ⟨STRG⟩ bzw. ⟨UMSCHALTEN⟩ -Taste kannst Du mehrere Seiten markieren, um diese gleichzeitig zu verschieben bzw. zu löschen.

Das Menü der Seitenpalette öffnest Du über das ▤ Symbol ①.

| Du kannst ... | |
|---|---|
| zwischen den Seiten wechseln (Abb. 4) | ✓ Klicke in der Seitenpalette doppelt auf ein Seitensymbol ②, um zu dieser Seite zu wechseln. Die Nummerierung der angesteuerten Seite bzw. des Druckbogens wird in der Seitenpalette mit Schwarz hinterlegt ③, und die Seite wird im Anwendungsfenster angezeigt. |
| eine neue Seite hinzufügen | ✓ Klicke in der Seitenpalette doppelt auf das Seitensymbol, nach dem Du die neue Seite hinzufügen möchtest. <br> ✓ Klicke auf das Symbol NEUE SEITE ERSTELLEN ▤ . Die neue Seite wird nach der markierten Seite eingefügt. |
| mehrere neue Seiten hinzufügen | ✓ Öffne das Menü der Seitenpalette und wähle den Befehl SEITEN EINFÜGEN. <br> ✓ Lege nun im Dialogfenster SEITEN EINFÜGEN die Anzahl der neuen Seiten und die gewünschte Einfügeposition (z. B. Ende des Dokuments) fest. |
| Seiten löschen | ✓ Markiere in der Seitenpalette die Symbole der Seiten, die Du löschen möchtest, und ziehe diese auf das Symbol AUSGEWÄHLTE SEITEN LÖSCHEN 🗑 . |
| eine Seite bzw. einen Druckbogen duplizieren | ✓ Markiere in der Seitenpalette die Seite, die Du duplizieren möchtest. <br> ✓ Ziehe die Seite auf das Symbol NEUE SEITE ERSTELLEN ▤ . <br> oder <br> Wähle im Menü der Seitenpalette den Befehl SEITE bzw. DRUCKBOGEN DUPLIZIEREN. Die duplizierten Seiten werden am Ende des Dokuments eingefügt. |
| Seiten verschieben (Abb. 5) | ✓ Markiere in der Seitenpalette die Symbole der Seiten, die Du verschieben möchtest und ziehe diese auf die neue Stelle. Eine Einfügemarke ④ erscheint beim Ziehen, um die neue Platzierung zu bestätigen. <br> oder <br> ✓ Öffne das Menü der Seitenpalette und wähle den Befehl SEITEN VERSCHIEBEN. <br> ✓ Lege im Dialogfenster Seiten verschieben die Seitenzahlen der zu verschiebenden Seiten und die Zielposition fest. |

Viele der eben in der Tabelle beschriebenen Möglichkeiten zur Seitenverwaltung stehen Dir auch über den Menüpunkt LAYOUT - SEITEN zur Verfügung (Abb. 6).

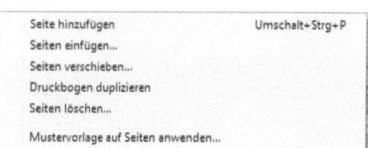

**Abbildung 6:**
Menüpunkt LAYOUT - SEITEN

## Übersicht der besonderen InDesign-Bildschirmelemente

| Element | Beschreibung |
|---|---|
| Menüleiste | InDesign stellt mehrere Menüs zur Verfügung, mit denen sich die verschiedenen Befehle des Programms aufrufen lassen. Durch Anklicken des Menünamens wird das jeweilige Menü eingeblendet. |
| Werkzeugpalette (Abb. 7) | In der Werkzeugpalette befinden sich die Bearbeitungswerkzeuge des Programms. Durch Anklicken werden sie aktiviert . <br><br> Sobald Du mit der Maus auf ein Symbol zeigst ①, erscheint nach ca. einer Sekunde neben dem Mauszeiger eine Kurzbeschreibung des Befehls, die sogenannte Quickinfo. Sofern das Werkzeug per Tastenklick aktivierbar ist, wird diese Taste auch in der Quickinfo genannt ②. <br><br> Auf den Symbolen der meisten Werkzeuge befindet sich ein kleines Dreieck ③. Klickst Du ein solches Symbol an und hältst die Maustaste einen Moment lang gedrückt, erscheint ein Menü, aus dem ähnliche Werkzeuge ausgewählt werden können. <br><br> Durch Anklicken des Doppelpfeils ④ oberhalb der Werkzeugpalette wird diese zweispaltig angezeigt. |
| Steuerungspalette | In der Steuerungspalette werden die Eigenschaften des aktiven Werkzeugs bzw. Objektes eingestellt. <br> Wird z. B. in ein Eingabefeld ein neuer Wert eingeben, muss dieser mit $\boxed{\text{RETURN} \hookleftarrow}$ bestätigt werden, damit er übernommen wird. |
| Arbeitsbereich | In diesem Bereich wird das Dokument angezeigt. Außerhalb des Dokumentenrandes ist Platz zum Ablegen von Elementen, die später im Dokument positioniert werden, die sogenannte Montagefläche. |
| Palettenraum mit Paletten (Abb. 8) | Mithilfe der Paletten ist es möglich, in Dokumenten zu navigieren und deren Inhalte zu bearbeiten. <br> Durch Anklicken werden die Paletten ① eingeblendet. Über die Register ② kannst Du zu anderen Paletten derselben Gruppe wechseln. Durch Anklicken des Doppelpfeils ▸▸ ③ wird die Palette ausgeblendet. <br> Jede Palette bietet ein Palettenmenü, das über das Symbol ▾☰ ④ geöffnet wird und jeweils palettenspezifische Befehle enthält. <br><br> Viele Paletten lassen sich durch Ziehen des unteren Rands ⑤ vergrößern bzw. verkleinern. <br> Paletten lassen sich auch über das Menü FENSTER ein-bzw. ausblenden. |

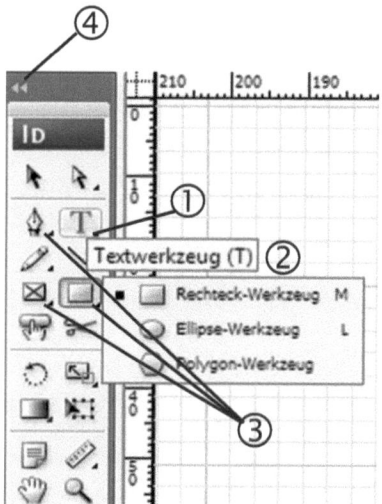

**Abbildung 7:**
Werkzeugpalette

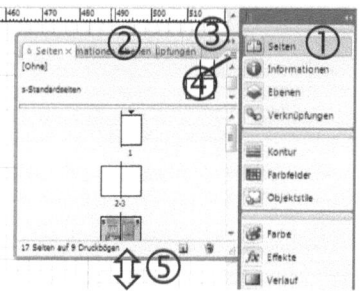

**Abbildung 8:**
Palettenraum mit Paletten

# Dokumente neu erstellen

Die grundlegendsten Layouteinstellungen definierst Du am besten ganz am Anfang Deiner Arbeit, also beim Erstellen bzw. Öffnen des Dokuments.

Ein neues Dokument wird erstellt, wenn Du unter dem Menüpunkt DATEI den Befehl NEU - DOKUMENT ausführst.

Alternative: STRG + N

Neues Dokument:

STRG + N

Wer mit InDesign (oder jedem anderen Satz- oder Layoutprogramm) ein Dokument erstellt, sollte sich deshalb bereits vorab Gedanken über das Format, den Satzspiegel und die drucktechnischen Rahmenbedingungen gemacht haben.

## Dokumenteinstellungen festlegen

Bei der Erstellung von neuen Dokumenten kann zwischen einem einseitigen und einem doppelseitigen Layout gewählt werden. Weiterhin lässt sich hier das das Papierformat, die Anzahl der Spalten, die Ausrichtung sowie die Werte für Seitenränder und Stege festlegen. Abbildung 9 zeigt die Einstellungsmöglichkeiten beim Anlegen eines neuen Dokuments.

**Abbildung 9:**
Standardeinstellungen beim Erstellen eines neuen Dokuments

Du kannst den Text in diesen Feldern durch klicken oder drüber ziehen auswählen – ganz so wie Du es vom Arbeiten mit Text gewohnt bist. Wähle nicht jedes Feld einzeln mit der Maus aus. Es ist effizienter durch Drücken der ⇆-Taste von einem Feld zum nächsten zu springen – InDesign wählt dabei den enthaltenen Text gleich aus.

### Seitenzahl

Die Anzahl der Seiten, die das zu erstellende Dokument enthalten soll, kann anfangs noch offen bleiben. Erstelle die Seiten besser erst während der Arbeit am Dokument.

## Seitenanzahl und -layout nachträglich ändern

Um die Seitenanzahl, das Seitenformat bzw. die Ausrichtung zu ändern, rufe den Menüpunkt DATEI - DOKUMENT EINRICHTEN auf.
oder
Um die Seitenränder bzw. Spaltenhilfslinien zu ändern, rufe den Menüpunkt LAYOUT - RÄNDER UND SPALTEN auf.

## Doppelseite

Ob ein Dokument mit fortlaufenden Einzelseiten oder sich gegenüberliegenden Doppelseiten zu erstellen ist, sollte im Voraus definiert werden. Es lässt sich aber auch nachträglich über Menü DATEI - DOKUMENT EINRICHTEN anpassen.

## Mustertextrahmen

Wie Abbildung 10 zeigt, wird mit dieser Option auf der „*Mustervorlage A*" automatisch ein Textrahmen entsprechend den Einstellungen unter „*Spalten*" erstellt.

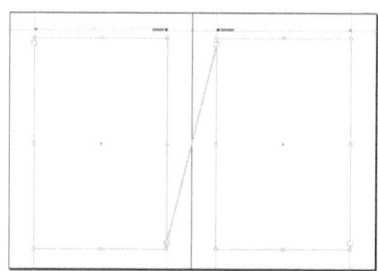

**Abbildung 10:**
Doppelseite, Mustertextrahmen

## Seitenformat

Gib hier das Format an, das Dein Dokument erhalten soll. Über das Menü kann zwischen Formaten, die in InDesign vorgegeben sind, gewählt werden. Oft wählst Du aber ein eigenes Format, das Du dir zuvor überlegt und/oder mit der Druckerei zusammen abgesprochen hast.

## Spalten

Hier werden die Anzahl der Spalten des Satzspiegels und der Abstand dazwischen eingestellt. Die Einstellungen können nachträglich auch über den Menüpunkt LAYOUT geändert werden.

## Ränder

Die Ränder definieren den Rand des Satzspiegels. Bei Romanen befindet sich außerhalb dieser Ränder nur noch die Pagina (Seitenzahl). Bei Broschüren definieren die Ränder oft den Bereich über den der Text nicht hinausgeht. Bilder hingegen werden oft bis an den Rand gezogen und sprengen somit die im Satzspiegel definierten Ränder. Bis an den Rand reichende Bilder nennt man „*randabfallend*".
Die Bezeichnungen für „*Innen/Außen*" ändern sich bei einseitigen Dokumenten in „*Links/Rechts*"

## Werte in anderen Maßeinheiten eingeben

InDesign verwendet Millimeter als Standardmaßeinheit. Falls erwünscht, kannst Du die Werte in anderen Maßeinheiten eingeben. Beim Verlassen des Eingabefelds rechnet InDesign den Wert in Millimeter um.

Folgende Maßeinheiten werden von InDesign unterstützt:

Zoll bzw. Inch (") = 25,4 mm
Zentimeter (cm) = 10,0 mm
(DTP-)Punkt (pt) = 0,353 mm
DTP-Pica (p) = 4,233 mm
Cicero (c) = 4,511 mm

## Einen leserfreundlichen Satzspiegel festlegen

Einen ansprechenden Satzspiegel für doppelseitige Dokumente bekommst Du beispielsweise, wenn die Seitenränder nach dem folgenden Verhältnis verteilt werden: oben (Kopfsteg) -3; unten (Fußsteg) -5;
innen (Innensteg) -2; außen (Außensteg) -4.

Dieses Verhältnis für DIN-A4-bzw. DIN-A5-Format wird erreicht, wenn Du bei doppelseitigen Dokumenten die folgenden Werte für die Stege eingibst:

| Format | Oben | Unten | Innen | Außen |
| --- | --- | --- | --- | --- |
| DIN A4 | 35,00 mm | 58,00 mm | 23,50 mm | 46,50 mm |
| DIN A5 | 24,00 mm | 41,00 mm | 16,00 mm | 32,00 mm |

# Text eingeben und importieren

### Textrahmen erstellen und Text eingeben

In InDesign sind sämtliche Layoutobjekte Rahmen – gleichgültig ob diese nun Texte, Bilder oder Tabellen enthalten. Text wird immer in sogenannten Textrahmen im Dokument platziert.

Einen Textrahmen erstellst Du wie folgt (siehe Abb. 11):

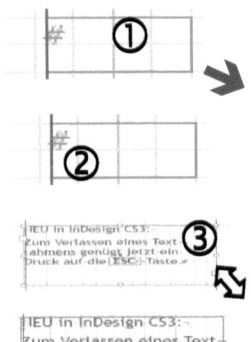

✓ Aktiviere in der Werkzeugpalette das Text-Werkzeug T
✓ Anschließend ziehst Du mit gedrückter Maustaste einen rechteckigen Rahmen auf ①.Der Cursor blinkt nun im neuen Textrahmen ②
✓ Gib einen beliebigen Text ein, die Zeilenumbrüche passen sich automatisch den Textrahmen an
✓ Aktiviere nun in der Werkzeugpalette das Auswahl-Werkzeug und klicke in den Textrahmen, um sich dessen Ziehpunkte anzeigen zu lassen
✓ Um den Rahmen an den Text anzupassen, einfach auf einen Eckpunkt ③ klicken.

**Abbildung 11:**
Textrahmen erstellen und Text eingeben

NEU in InDesign CS3:

Zum Verlassen eines Textrahmens genügt jetzt ein Druck auf die ESC -Taste.

| Du möchtest … | |
| --- | --- |
| den Textrahmen verschieben | Aktiviere in der Werkzeugpalette das Auswahl-Werkzeug , und klicke innerhalb des Textrahmens Ziehe nun den Rahmen mit der Maus an die gewünschte Position. oder Benutze die Pfeiltasten ( ↑ , ↓ , → , ← ) |
| den Textrahmen in der Größe verändern | Aktiviere das Auswahl-Werkzeug , und klicke innerhalb des Textrahmens. Ziehe mit dem Cursor einen der eingeblendeten Ziehpunkte |
| Änderungen am Text vornehmen | Aktiviere das Text-Werkzeug T , und nimm deine Änderungen am Text vor. |
| den Textrahmen samt Text entfernen | Aktiviere das Auswahl-Werkzeug , klicke in den Textrahmen und drücke ENTF . |
| Text innerhalb eines Textrahmens entfernen | Aktiviere das Text-Werkzeug T . Markiere den zu löschenden Text und betätige ENTF . |

### Text importieren

Wenn Text von einem Textverarbeitungsprogramm bzw. Texteditor importiert wird, werden alle Zeichen und Absatzformate übernommen. Seitenlayout-Einstellungen, wie zum Beispiel Spalten und Ränder werden jedoch ignoriert.

So wird Text importiert:

✓ Aktiviere mit dem Auswahl-Werkzeug 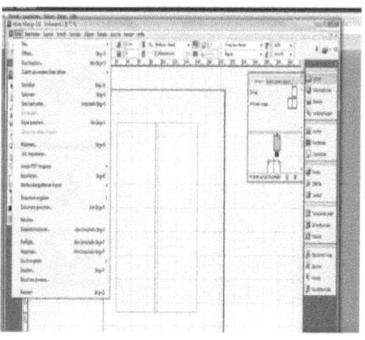 den Textrahmen, in den der Text eingefügt werden soll.

✓ Nun unter dem Menüpunkt DATEI - PLATZIEREN anklicken bzw. $\boxed{\text{STRG}} + \boxed{\text{D}}$

✓ Im Dialogfenster PLATZIEREN (Abb. 12) muss nun zum Speicherort der zu importierenden Datei ① gewechselt werden.

✓ Nun einfach einen Doppelklick auf die gewünschte Datei ②.

**Abbildung 12:**
Dialogfenster PLATZIEREN

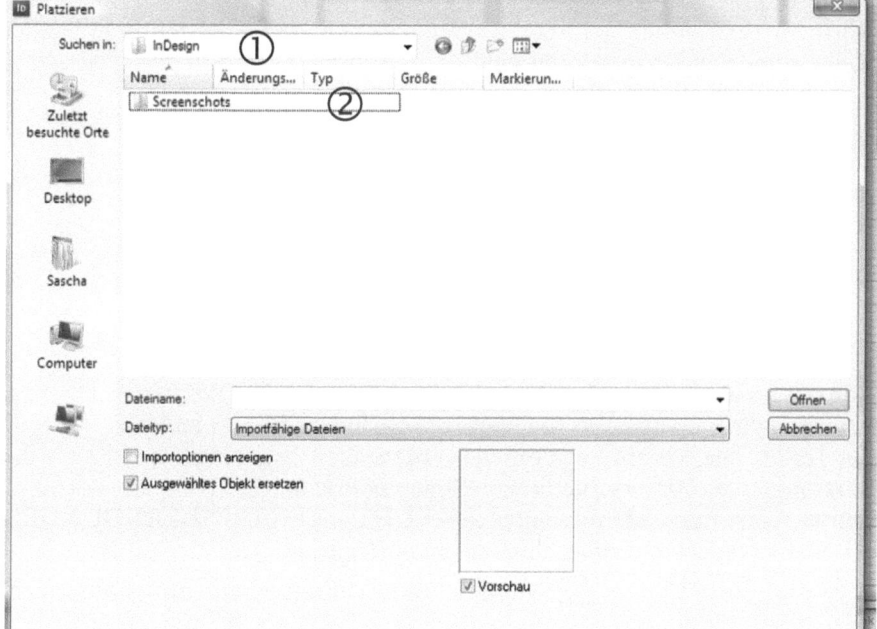

Text platzieren bzw. importieren

$\boxed{\text{STRG}} + \boxed{\text{D}}$

**Abbildung 13:**
Text importieren

➢ Ist der Text zu lang für den Textrahmen, wird ein rotes Kästchen unten am Rahmen angezeigt. Du kannst nun den Rahmen vergrößern und ihn damit der Textlänge anpassen, indem Du OBJEKT - ANPASSEN - RAHMEN AN INHALT ANPASSEN oder den Text mit einem weiteren Rahmen verketten und dort einfließen lassen.

➢ Falls beim Importvorgang kein Textrahmen aktiviert ist, verändert sich der Mauszeiger. Nun ziehst Du einfach einen neuen Textrahmen für den Importtext auf.

➢ Falls bereits ein Rahmen vorhanden ist, den Du für den Text nutzen möchtest, dann fahre mit der Maus darüber – der Mauszeiger verwandelt sich noch einmal; diesmal zeigt er zwei verschlungene Kettenglieder und will damit klar machen, dass mit diesem Rahmen eine Verkettung möglich ist.
Jetzt brauchst Du nur noch zu klicken und die Rahmen sind verkettet – der Text fließt vom ersten in den zweiten Rahmen

### Die Verkettung von Textrahmen aufheben

Wenn die Verkettung von Textrahmen nachträglich wieder aufgehoben werden soll, klicke mit dem Auswahl-Werkzeug zuerst auf den Textrahmen und dann auf seine blaue Textausgangsmarke.
Ein geöffnetes Kettensymbol erscheint am Mauszeiger.

Klicke nun auf den nächsten Textrahmen in der Kette, um die Verkettung mit dem ersten Rahmen aufzuheben. Dies funktioniert auch in entgegengesetzter Richtung. Mit der gleichen Vorgehensweise werden auch die Verkettung zum vorherigen Textrahmen aufgehoben.

Die schnellere Variante ist ein Doppelklick auf die Textausgangsmarke des ersten Rahmens.
Wird ein Textrahmen gelöscht, fließt der Text in den nächsten Rahmen der Kette, ohne das Text verloren geht.

### Verkettungen am Bildschirm anzeigen

✓ Unter dem Menüpunkt ANSICHT - TEXTVERKETTUNGEN EINBLENDEN kannst Du Dir die Textverkettungen am Bildschirm anzeigen lassen

Alternative: [ STRG ] + [ALT] + [ Y ]

**Textverkettungen einblenden bzw. ausblenden**
[ STRG ] + [ALT] + [ Y ]

Sobald ein verketteter Textrahmen mit dem Auswahl-Werkzeug ausgewählt wird, erscheinen die Verbindungslinien zu den anderen Rahmen der Kette. Die Verbindungslinien werden auch angezeigt, wenn sich die Textrahmen auf unterschiedlichen Seiten befinden.
Durch Aufruf des Menüpunktes ANSICHT - TEXTEINBLENDUNGEN AUSBLENDEN bzw. über die Tastenkombination [ STRG ] + [ALT] + [ Y ] werden die Verkettungen am Bildschirm wieder ausgeblendet.

### Text kopieren

**Kopieren**
[ STRG ] + [ C ]

**Einfügen**
[ STRG ] + [ V ]

Du kannst mit der Tastenkombination [ STRG ] + [ C ] Text aus anderen Programmen kopieren und mit [ STRG ] + [ V ] Text in ein Dokument einfügen. Ein neuer Textrahmen wird hierbei automatisch erstellt, und jegliche Formatierungen gehen verloren. Möchtest Du Text in einen bestehenden Textrahmen kopieren, muss vor dem Einfügen der Zielrahmen mit dem Textwerkzeug angeklickt werden. Dieselbe Vorgehensweise gilt auch, wenn markierter Text von einem in einen anderen Textrahmen kopiert werden soll.

# Textrahmenoptionen festlegen

### Eigenschaften von Text im Rahmen anpassen

Unter dem Menüpunkt OBJEKT - TEXTRAHMENOPTIONEN (Abb. 14) kann in InDesign bestimmt werden, wie der Inhalt eines Textrahmens angezeigt bzw. ausgerichtet wird. Hier lässt sich beispielsweise festlegen, wie viele Spalten im Rahmen vorhanden sind bzw. wie der Text innerhalb des Rahmens vertikal ausgerichtet wird.

Um die Eigenschaften eines Textrahmens anzupassen, musst Du folgendermaßen vorgehen:

✓ Aktiviere das Auswahl-Werkzeug  , und klicke auf den Textrahmen, um diesen auszuwählen.

✓ Rufe den Menüpunkt OBJEKT - TEXTRAHMENOPTIONEN auf (Abb. 14).
Alternative: ┌──────┐ ┌───┐
│ STRG │ + │ B │
└──────┘ └───┘

✓ Im folgenden Dialogfeld aktivierst Du am besten die Option VORSCHAU, um die Auswirkungen Deiner Eingaben gleich im Dokument überprüfen zu können.

✓ Nehme im Register ALLGEMEIN die gewünschten Einstellungen gemäß den Erläuterungen in der folgenden Tabelle vor.

✓ Abschließend noch mit Ok bestätigen.

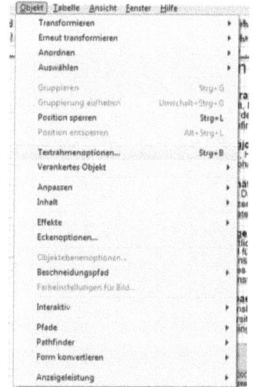

**Abbildung 14:**
Textrahmenoptionen

Textrahmenoptionen:

┌──────┐ ┌───┐
│ STRG │ + │ B │
└──────┘ └───┘

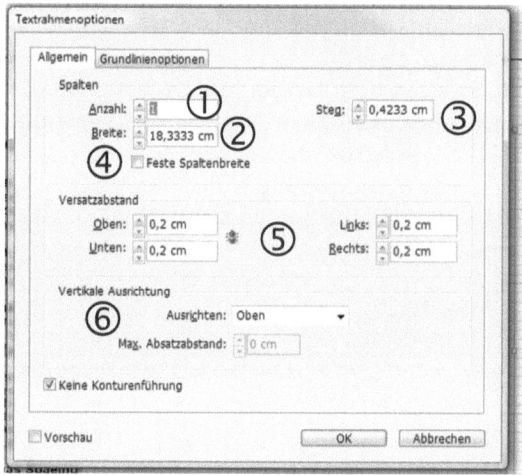

**Abbildung 15:**
Textrahmeneigenschaften
anpassen

| Du möchtest ... | |
|---|---|
| eine bestimmte Spaltenanzahl bzw. Spaltenbreite innerhalb des Rahmens festlegen (Abb. 15) | Die Anzahl der Spalten bzw. die Spaltenbreite wird im Drehfeld ① bzw. ② festgelegt. Im Drehfeld Steg ③ kann der Abstand zwischen den einzelnen Spalten geändert werden Wird das Kontrollkästchen FESTE SPALTENBREITE ④ aktiviert, bleibt die Spaltenbreite unter allen Umständen so, wie Du sie eingegeben hast. Wenn du denn Textrahmen verbreiterst, fügt InDesign neue Spalten hinzu. Bleibt das Kontrollkästchen hingegen deaktiviert, kannst du die Breite der Spalten ändern, jedoch bleibt die Anzahl gleich. |
| den Abstand zwischen dem Textrahmen und dem Text ändern | Im Bereich VERSATZABSTAND ⑤ können verschiedene Werte für die oberen, unteren, rechten und linken Kanten des Rahmens eingegeben werden. Diese Werte bestimmen den Abstand zwischen Rahmen und Text |
| die vertikale Ausrichtung des Textes festlegen | In der Gruppe VERTIKALE AUSRICHTUNG ⑥ wird der Text vertikal innnerhalb des Rahmens ausgerichtet. Die drei Einträge OBEN, ZENTRIERT und UNTEN sind selbst erklärend. VERTIKALER KEIL bedeutet, dass der Text zwischen dem oberen und dem unteren Rahmenrand verteilt wird. Die Option funktioniert nicht im Zusammenspiel mit einer Konturenführung . |

> ➢ Wenn beim Aufruf des Menüpunktes OBJEKT - TEXTRAHMEN-
> OPTIONEN kein Textrahmen ausgewählt ist, gelten
> die im Dialogfenster TEXTRAHMENOPTIONEN vorgenommenen
> Einstellungen für alle Textrahmen, die künftig im aktuellen
> Dokument erstellt werden.

> ➢ Wenn beim Aufruf des Menüpunkts OBJEKT - TEXTRAHMEN-
> OPTIONEN kein Dokument geöffnet ist, gelten die im Dialog
> fenster TEXTRAHMENOPTIONEN Einstellungen für alle künftig er-
> stellten Textrahmen.

# Einfache Textformatierungen vornehmen

### Text über die Steuerungspalette formatieren

Über die Steuerungspalette am oberen Rand des Dokumentfensters kannst
Du den Text schnell formatieren (Abb. 16).
Wenn Text markiert ist, kann in dem Bedienfeld zwischen dem Zeichen-
modus zur Formatierung von Zeichen [A] und dem Absatzmodus zur
Formatierung von Absätzen [¶] gewechselt werden.

In diesem Schnelleinstieg werden nur einige Zeichen- und Absatzforma-
tierungen erläutert.

**Abbildung 16:**
Steuerungspalette mit
Einstellungen zur
Zeichenformatierung

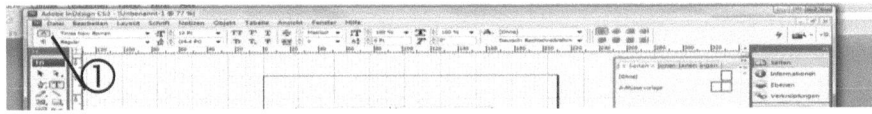

### Zeichen formatieren

✓ Markiere bei aktiviertem Text-Werkzeug [T] den Textteil, dem
eine bestimmte Zeichenformatierung zugewiesen werden soll.
✓ Möchtest Du für die Zeichenformatierung die Steuerungspalette
nutzen, betätige dort das Symbol [A] ① (Abb. 16).
oder Um die Zeichenformatierung mithilfe der Zeichenpalette vorzunehmen, blende diese über den Menüpunkt FENSTER -
SCHRIFT UND TABELLEN - ZEICHEN bzw. über die Tasten
kombination [ STRG ] + [ T ] ein (Abb. 17).

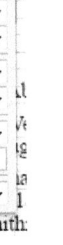

**Abbildung 17:**
Zeichenpalette

Zeichenpalette
einblenden

[ STRG ] + [ T ]

| Du möchtest ... | |
|---|---|
| die Schriftart festlegen (Abb. 16) | ✓ wähle im Listenfeld `Times New Roman` ▾ die gewünschte Schriftart, z. B. Times New Roman oder Tahoma. |
| den Schriftschnitt festlegen | ✓ Lege über das Listenfeld `Regular` ▾ den Schrift-schnitt REGULAR (Normal), *ITALIC*, **BOLD** bzw. ***BOLD ITALIC*** fest. |
| den Schriftgrad bestimmen | ✓ wähle im Listenfeld `T ▾ 9 Pt` ▾ einen Schriftgrad (eine Schriftgröße) aus. |
| den Zeilenabstand festlegen | ✓ Markiere die Zeile(n), für die ein bestimmter Zeilenab-stand vorgesehen ist und lege diesen im Listenfeld fest. `A ▾ (10,8 Pt)` ▾  Standardmäßig verwendet InDesign 120 % der einge-stellten Schriftgröße als Zeilenabstand. |

## Spezielle Zeichenformatierungen vornehmen

Die Symbole in der Steuerungspalette (Abb. 16) haben die in der folgenden Tabelle dargestellte Bedeutung.

| Format | Symbol (Steuerungspalette) | Befehl in der Zeichenpalette |
|---|---|---|
| GROSSBUCHSTABEN | TT | Großbuchstaben |
| KAPITÄLCHEN | Tᴛ | Kapitälchen |
| Hochgestellt | T¹ | Hochgestellt |
| Tiefgestellt | T₁ | Tiefgestellt |
| unterstrichen | T | unterstrichen |
| ~~durchgestrichen~~ | ~~T~~ | durchgestrichen |

## Text schnell markieren

Du kannst den Text durch Ziehen mit der Maus markieren oder eine der unten aufgelisteten Möglichkeiten verwenden:

| Ein Wort markieren | Doppelklick in das Wort |
|---|---|
| Eine Zeile markieren | Dreimal schnell nacheinander in die Zeile klicken |
| Einen Satz markieren | Viermal schnell nacheinander in den Satz klicken |
| Den ganzen Text markieren | STRG + A |

## Rückgängig machen

Um die letzte(n) Aktion(en) rückgängig zu machen, gehe wie folgt vor:

✓ Rufe den Menüpunkt BEARBEITEN - RÜCKGÄNGIG auf.
Alternative: STRG + Z

Eine rückgängig gemachte Aktion kann über den Menüpunkt BEARBEITEN - WIEDERHERSTELLEN wiederhergestellt werden.

letzte(n) Aktion(en) rückgängig machen

STRG + Z

# Absätze formatieren

## Absatzformatierung zuweisen

✓ Postioniere den Cursor in dem Absatz der formatiert werden soll.

oder Markiere bei aktiviertem Text-Werkzeug T die Absätze, denen eine bestimmte Formatierung zugewiesen werden soll.

✓ Möchtest Du für die Absatzformatierung die Steuerungspalette (Abb. 18) nutzen, betätige dort das Symbol ¶ ①.

oder Um die Absatzformatierung mithilfe der Absatzpalette vorzunehmen, blende diese über den Menüpunkt FENSTER - SCHRIFT UND TABELLEN - ABSATZ bzw. über die Tastenkombination STRG + M ein.

Absatzpalette einblenden

STRG + M

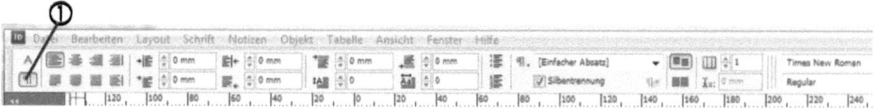

**Abbildung 18:**
Steuerungspalette mit Einstellungen zur Absatzformatierung

## Absätze ausrichten

Absätze lassen sich linksbündig, zentriert, rechtsbündig sowie im Blocksatz ausrichten. Bei der Ausrichtung im Blocksatz kann die letzte Zeile (sofern sie nicht vollständig von Text ausgefüllt wird) separat ausgerichtet werden.

Daneben können Absätze, die sich auf der linken Seite befinden, automatisch anders ausgerichtet werden als Absätze auf der rechten Seite.

**In InDesign Textformatierungen von einem Absatz auf den anderen übertragen**

✓ Klicke in den Absatz, der eine neue Formatierung erhalten soll, und wähle das Pipette-Werkzeug.

✓ Klicke nun in den Absatz, dessen Format Du verwenden möchtest.
So lange die Pipette aktiviert bleibt, kannst Du nun beliebige Absätze im Dokument anklicken, um sie mit der in der Pipette „geladenen" Formatierung zu versehen.

| Ausrichtung | Symbol |
|---|:---:|
| Linksbündig | ⊟ |
| Zentriert | ≡ |
| Rechtsbündig | ≡ |
| Blocksatz, letzte Zeile linksbündig | ≡ |
| Blocksatz, letzte Zeile zentriert | ≡ |
| Blocksatz, letzte Zeile rechtsbündig (nur in der Absatzpalette wählbar) | ≡ |
| Alle Zeilen im Blocksatz | ≡ |

➢ Mithilfe des Symbols ≡I kannst Du die Absätze, die sich auf einer linken Seite befinden, rechtsbündig ausrichten. Die Absätze auf einer rechten Seite werden dagegen linksbündig ausgerichtet.

➢ Über das Symbol ≡I werden Absätze, die sich auf einer linken Seite befinden linksbündig ausgerichtet. Die Absätze auf einer rechten Seite erscheinen dagegen rechtsbündig.

## Das Layout im Blocksatz optimieren

Verschiedene Satzzeichen (z. B. Anführungszeichen oder Trennstriche) sowie die Kanten einiger Buchstaben (z. B. W und A), die sich am Anfang oder am Ende einer Zeile befinden, führen dazu, dass die Textränder im Blocksatz ungleichmäßig erscheinen, da an diesen Stellen „Löcher" entstehen.

Dieser Effekt kann mithilfe des **optischen Randausgleichs** gemindert werden, indem Du festlegst, dass die entsprechen Zeichen ein wenig über den Spalten- bzw. Rahmenrand hinausragen.

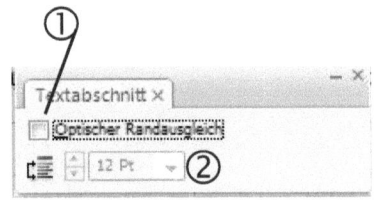

**Abbildung 19:**
optischer Randausgleich

✓ Aktiviere in der Werkzeugpalette das Auswahl-Werkzeug, und klicke auf den Textrahmen, für dessen Text Du einen optischen Randausgleich festlegen möchtest.

✓ Rufe den Menüpunkt SCHRIFT - TEXTABSCHNITT auf, um die Textabschnitt-Palette einzublenden (Abb. 19).

✓ Aktiviere das Kontrollfeld ①, und wähle im Feld ② die Schrift-größe, die der Text im entsprechenden Rahmen aufweist.

✓ Schließe die Textabschnitt-Palette über das Schließfeld.

# Formate erstellen

## Vorteile von Formaten

Dokumente verfügen in der Regel über eine begrenzte Anzahl unterschiedlich zu gestaltender, aber immer wiederkehrender Textelemente (beispielsweise Überschriften, Fließtext oder Bildunterschriften). Die jeweiligen Formatierungsmerkmale kannst Du als Zeichen- bzw. Absatzformat speichern und im Anschluss per Mausklick dem jeweiligen Textelement zuweisen.

Neben der schnellen Formatierung mithilfe von Formaten bieten diese folgende Vorteile:

➢ Änderst Du nachträglich ein definiertes Format, so wird jedes Textelement, dem dieses Format bereits zugewiesen wurde, sofort entsprechend angepasst.

➢ Zeichen- und Absatzformate anderer Dokumente lassen sich in das aktuelle Dokument importieren und können hier anschließend genutzt werden.

| Formattyp | Erklärung |
|---|---|
| Absatzformate | Absatzformate werden auf Absätze und die darin enthaltenen Zeichen angewendet. Sie steuern z. B. die Textausrichtung, Tabulatoren, Einzüge sowie Zeichenformatierungen. |
| Zeichenformate | Zeichenformatierungen, z. B. Schriftart und -grad, Fett- oder Kursivdruck, werden auf einzelne Zeichen (Wörter) angewendet, z. B. bei einem formatierten Firmenschriftzug. |

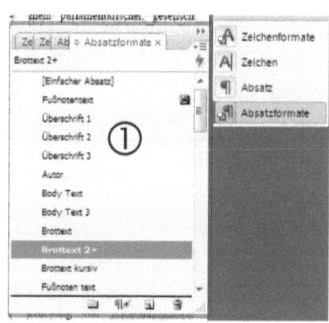

**Abbildung 20:**
Absatzformate in einem Dokument

## Neues Absatzformat auf Basis eines bereits formatierten Absatzes erstellen

✓ Öffne die Absatzformat-Palette über den Menüpunkt SCHRIFT - ABSATZFORMATE (Abb. 20).
Alternative: `F11`

✓ Formatiere einen Absatz mit allen Eigenschaften, die in das neue Absatzformat übernommen werden sollen.

✓ Positioniere die Einfügemarke im betreffenden Absatz und klicke in der Absatzformate-Palette auf das Symbol [▣] .
In der Absatzformat-Palette erscheint ein neues Format mit der Bezeichnung ABSATZFORMAT und einer fortlaufenden Nummerierung ①.

✓ Klicke nun doppelt auf das neu erstellte Format.
Das Dialogfenster ABSATZFORMATOPTIONEN (Abb. 21) wird geöffnet. Standardmäßig ist im linken Bereich die Kategorie ALLGEMEIN aktiviert.

✓ Bestimme im Listenfeld Basiert auf ②, ob das neue Format auf einem bereits vorhandenen Absatzformat basieren soll oder nicht.
Wird das Basisformat nachträglich geändert, werden die geänderten Attribute auch in den darauf basierenden Formaten entsprechend geändert. Attribute, die in den Formaten nicht gemeinsam genutzt werden, bleiben unverändert erhalten.

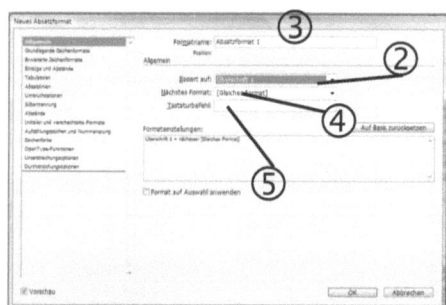

**Abbildung 21:**
Absatzformate anpassen

✓ Trage nun im Feld ③ einen aussagekräftigen Namen für das neue Absatzformat ein.

✓ Bestimme nun im Listenfeld ④, welches Format bei der Texteingabe automatisch dem Folgeabsatz zugewiesen werden soll.

✓ Im Feld ⑤ kannst Du nun dem neuen Format eine Tastenkombination zuweisen, über die es sich anschließend schnell anwenden lässt.

✓ Bestätige mit Ok.

# Seiten paginieren

In umfangreichen Publikationen haben wir es gerne, wenn die Seiten fortlaufend nummeriert sind – ein Inhaltsverzeichnis beispielsweise wäre ohne „Pagina" (so nennt das der Fachmann) relativ wertlos.

### Automatische Seitenzahl

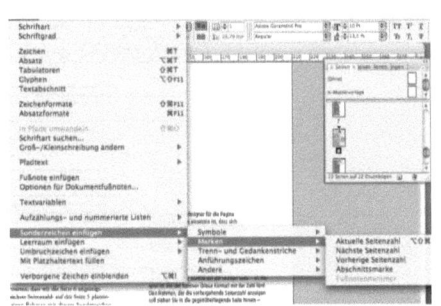

**Abbildung 22:**
Die Befehle zur Definition deiner Seitenzahlen

InDesign zählt die Seiten von Dokumenten für Dich und kann die Seitenzahl automatisch angeben. Es ist sehr zu empfehlen die Pagina auf der Musterseite zu platzieren, auch wenn Du kein anderes Musterseitenobjekt einsetzt.

✓ Wenn Du dich nicht schon auf der Mustervorlage befindest, dann wechsle jetzt dahin.

✓ Erstelle einen Textrahmen und wähle aus dem Menü SCHRIFT - SONDERZEICHEN EINFÜGEN - MARKEN - AKTUELLE SEITENZAHL.

Du bist vielleicht verwundert, dass nach Abruf des Befehls Buchstaben auf Deiner Vorlage zu sehen sind und nicht etwa eine Zahl – InDesign platziert diesen Buchstaben als Platzhalter, auf den Dokumentseiten erscheint jedoch die korrekte Seitenzahl.

### Nächste Seitenzahl / Vorherige Seitenzahl

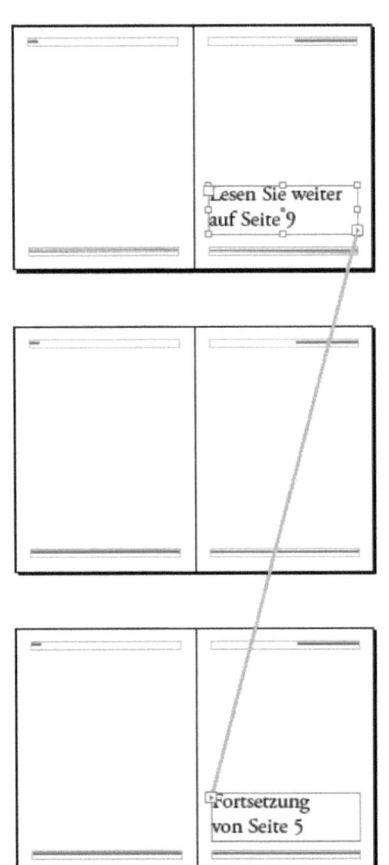

**Abbildung 23:**
Abschnittmarken

Verlassen wir für einen Moment wieder die Musterseite und werfen einen Blick auf die Befehle „*Nächste Seitenzahl*" und „*Vorherige Seitenzahl*" die wir im Menü SCHRIFT - SONDERZEICHEN EINFÜGEN finden.

Natürlich würden wir erwarten, dass wir die Seite 3 angezeigt bekommen, wenn wir „*nächste Seitenzahl*" auf der Seite 2 platzieren. Aber nach dem wir einen Rahmen mit diesem Sonderzeichen „befüllt" haben lesen wir an dieser Stelle statt dessen 2.

Das liegt daran, dass dieses Sonderzeichen eine andere Funktion hat, als wir zunächst vermuten.

Vielleicht kennen Du das : Du liest einen Artikel in einem Magazin. Du bist mitten im Artikel und liest in der letzten Zeile einer Seite „**Lesen Sie weiter auf Seite …**".

Verwende den Befehl „*Nächste Seitenzahl*" wenn Du so eine Angabe setzen möchtest. Du verkettest dann einfach diesen Rahmen mit einem Textrahmen auf der Zielseite – also auf der Seite auf der es weiter gehen soll.

In diesen Textrahmen kannst Du dann schreiben „Fortsetzung von Seite ›Vorherige Seitenzahl‹".

Solltest Du zwischen diesen beiden Seiten weitere einfügen, dann passt sich die Seitenzahl natürlich automatisch an.

## Nummerierungs- und Abschnittsoptionen

Wenn wir ein Buch oder ein Magazin durch blättern, dann sind wir es gewohnt, dass die Seitennummerierung von der ersten bis zur letzten Seite fortlaufend ansteigt. Vielleicht hattest Du aber auch schon einmal ein Buch in Händen bei dem die Seiten in Abschnitte eingeteilt sind.
In der Abbildung ist zu sehen, dass die ersten drei dargestellten Seiten die „Abschnittsmarke" „Prolog" tragen und daneben römische Zahlen angegeben sind – dargestellt sind VI–VIII.

Auf der vierten Seite ändert sich die Abschnittsmarke – Sie heißt jetzt „Kapitel I„ und darauf folgen Seitenzahlen in regulären Zahlen (1, 2, 3, …).
Verwende einen Abschnitt um beispielsweise einen Anhang separat zu nummerieren.

Einen Abschnitt erstellst Du mit dem Befehl NUMMERIERUNGS- & ABSCHNITTSOPTIONEN den Du über den Menüpunkt LAYOUT oder das Optionsmenü der Palette „Seiten" aufrufst.
Du kannst Abschnittsmarken auch setzen ohne Seiten unterschiedlich nummerieren zu lassen – die Seiten laufen dann ganz normal von 1 an durch. Das ist zum Beispiel sinnvoll, wenn Du ein Dokument mit einer Musterseite in Kapitel unterteilen willst und den Namen des Kapitels regelmäßig (auf jeder, oder jeder rechten Seite) angezeigt haben möchtest.
Setze dann im Dokument für jedes neue Kapitel eine Abschnittsmarke mit dem Titel des Kapitels und setze auf der Musterseite an der entsprechenden Stelle eine Abschnittsmarke.
Ich habe diese Funktion zur Ausgabe des Kapiteltitels im Kopf dieses Dokuments genutzt. Auf der Musterseite habe ich dann in einen Textrahmen eine „Abschnittsmarke" gesetzt – zu finden im Menü SCHRIFT - SONDERZEICHEN EINFÜGEN.
Die Position von Abschnittsmarken erkennst Du in der Ebenen-Palette an einem kleinen schwarzen Dreieck über der Seite an der sie gesetzt wurde. Im Beispiel oben sind Abschnittsmarken für die Seiten 1, 3, 5 und 8 definiert.

Das Dialogfenster zum Einstellen und Ändern der Abschnittsoptionen kannst Du auch öffnen, indem Du auf diese Dreieck doppelklickst.
Wenn Du Abschnittsmarken einsetzt um die Seiten unterschiedlich zu nummerieren wähle im Dialog die Option „*Seitennummerierung beginnen bei*" und gebe eine Zahl an, bei der die Nummerierung beginnen soll.

Unter „Abschnittspräfix" kannst Du ein Kürzel für den Abschnitt angeben und mit der Option „*Bei Seitennummerierung Präfix verwenden*", dieses Kürzel jeweils bei der Seitenanzeige ausgeben lassen. Dies wird von vielen als lästig empfunden, da man beim Ausdrucken dieses Präfix stets mit angeben muss, wenn man einzelne Seiten eines Dokuments zum Drucker schicken möchte. Es gibt jedoch sicher Dokumentstrukturen, bei der die Nutzung dieser Funktion für mehr Übersichtlichkeit sorgen kann.
Normalerweise werden in der Palette Seiten fortlaufend nummeriert, egal welche Einstellungen Du unter NUMMERIERUNGS- & ABSCHNITTSOPTIONEN wählst. Wenn Du die Seitenzahlen entsprechend den Abschnittsoptionen angezeigt haben möchtest, wähle in den Voreinstellungen | STRG | + | K | unter ALLGEMEIN - SEITENZAHL - ANSICHT - ABSCHNITTSNUMMERIERUNG.
Wenn Du eine Abschnittsmarke löschen möchtest, wähle die NUMMERIERUNGS-UND ABSCHNITTSOPTIONEN und deaktiviere die Checkbox „ABSCHNITTSANFANG".

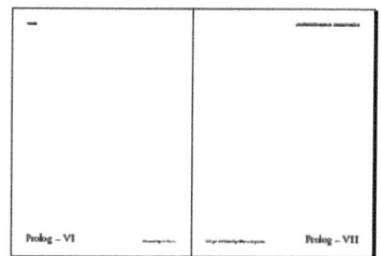

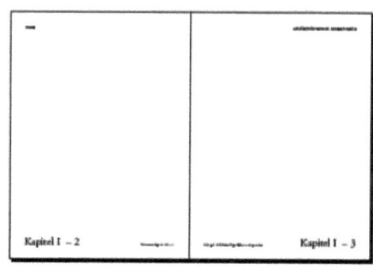

**Abbildung 24:**
Beispiel Abschnittnummerierung

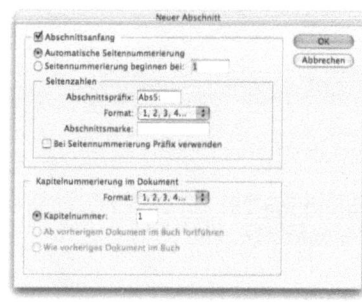

**Abbildung 25:**
Dialogbox NUMMERIERUNGS- UND ABSCHNITTSOPTIONEN

Voreinstellung

| STRG | + | K |

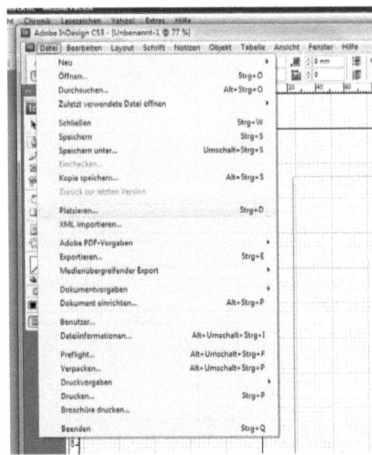

**Abbildung 26:**
Menüpunkt Platzieren

Platzieren

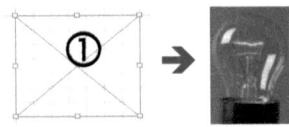

**Abbildung 27:**
Grafikrahmen für Platzierungen

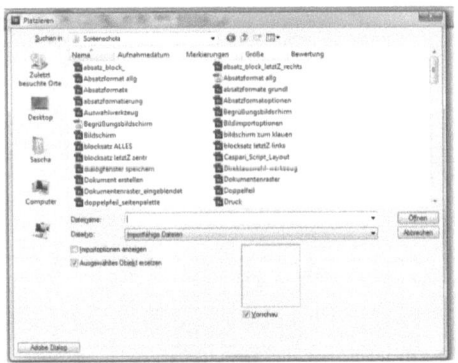

**Abbildung 28:**
Dialogfenster Platzieren

# Grafiken einfügen

### Grafiken einfügen und anpassen

Du kannst eine Grafik in einen vorhandenen Grafikrahmen einfügen oder den Grafikrahmen erst beim Einfügen der Grafik erstellen. Grafikrahmen können wie Textrahmen verschoben bzw. in der Größe verändert werden. Grafiken werden standardmäßig als Verknüpfung eingefügt:.

### Eine Grafik in einen Rahmen importieren

✓    Aktiviere in der Werkzeugpalette das Rechteckrahmen-Werkzeug ✉. , und ziehe damit einen Grafikrahmen auf.

✓    Wähle den Rahmen ① aus, in den die Grafik eingefügt werden soll.

✓    Rufe den Menüpunkt DATEI - PLATZIEREN auf (Abb.26). Alternative: STRG + D
Das Dialogfenster PLATZIEREN wird eingeblendet.

✓    Wähle nun im Listenfeld SUCHEN IN den Ordner, in dem sich die gewünschte Grafik befindet.

✓    Klicke in der angezeigten Dateiliste doppelt auf die zu importierende Grafikdatei.

### Einen rechteckigen Grafikrahmen beim Improtieren der Grafik erstellen

✓    Stelle sicher, dass kein Objekt markiert ist.

✓    Blende z. B. mithilfe der Tastenkombination STRG + D das Dialogfenster PLATZIEREN ein (Abb. 28).

✓    Wähle die gewünschte Grafik durch einen Doppelklick aus. Jetzt erscheint der Platzierungscursor im Dokument mit einem Miniaturbild der geladenen Grafik.

✓    Ziehe nun einen neuen Grafikrahmen auf.

oder    Möchtest Du die Grafik in Originalgröße innerhalb eines neuen Grafikrahmens einfügen, klicke mit dem Platzierungscursor an die Stelle im Dokument, an der die linke obere Ecke des Grafikrahmens angezeigt werden soll.
Die Grafik wird in den neuen Rahmen eingefügt.

➢    Grafiken, die über das Dialogfenster Platzieren importiert wurden, werden als Verknüpfung eingefügt.

➢    Über die Zwischenablage können – beispielsweise mit der Tastenkombination STRG + V – auch Grafiken aus anderen Programmen als (unverknüpfte) Kopie einfügen. Diese werden anschließend im InDesign-Dokument innerhalb eines neuen Grafikrahmens in Originalgröße angezeigt.

### Mehrere Grafiken gleichzeitig platzieren

Du kannst mehrere Grafiken oder Textdateien gleichzeitig importieren. Die Rahmen für die zu platzierenden Elemente können vor dem Importieren oder nachträglich erstellt werden.

Um gleichzeitig mehrere Grafiken zu platzieren musst Du:

✓ Rufe den Menüpunkt DATEI - PLATZIEREN auf.

✓ Markiere im Dialogfenster PLATZIEREN die gewünschten Dateien. Falls erwünscht, kannst Du das Kontrollfeld IMPORTOPTIONEN ANZEIGEN aktivieren, um die Importoptionen für jede Datei festzulegen.

✓ Betätige nun die Schaltfläche ÖFFNEN.
   Der Platzierungscursor erscheint im Dokument mit einem Miniaturbild der ersten Datei sowie der Anzahl der geladenen Dateien.

✓ Klicke jetzt nacheinander in die zuvor erstellten Tahmen, um die Elemente zu platzieren.

oder Ziehe nacheinander die benötigten Rahmen auf.

➢ Möchtest Du den Vorgang abbrechen, betätige ESC . Alle noch nicht platzierten Dateien werden entladen – sie werden nicht in das Dokument importiert.

➢ Die Namen der geladenen Dateien werden in der Verknüpfungen-Palette (Menüpunkt fenster - verknüpfungen) angezeigt. Die Datei, die gerade als nächstes Element im Platzierungscursor bereitsteht, wird mit der Bezeichnung VE (vorderstes Element) versehen.

| Du möchtest ... | |
|---|---|
| die Größe der Grafikrahmen nachträglich ändern | ✓ Aktiviere in der Werkzeugpalette das Auswahl-Werkzeug , und klicke innerhalb des Grafikrahmens. <br> ✓ Ziehe an einem der eingeblendeten Ziehpunkte. <br> Die Größe der Grafik bleibt unverändert |
| den Grafikrahmen samt Grafik entfernen | ✓ Aktiviere das Auswahl-Werkzeug , klicke innerhalb des Grafikrahmens, und betätige ENTF . |
| nur die Grafik löschen | ✓ Aktiviere das Direktauswahl-Werkzeug , klicke dann die Grafik an, und betätige ENTF . |

## Auflösung der Bildanzeige bestimmen

Über den Menüpunkt ANSICHT -ANZEIGELEISTUNG kannst Du die Auflösung und damit die Qualität der Anzeige von Grafiken auf dem Bildschirm festlegen. Wähle dazu einen der folgenden Untermenüpunkte aus:

| Option | Beschreibung |
|---|---|
| SCHNELLE ANZEIGE | Bilder werden als Platzhalter angezeigt. Diese Anzeige eignet sich zum Kontrollieren der Bildgröße bzw. -position im Dokument. |
| TYPISCHE ANZEIGE | Zeigt Bilder in einer niedrigen Auflösung an (Standardein-stellung) . |
| ANZEIGE MIT HOHER QUALITÄT | Bilder werden in der maximalen Auflösung angezeigt. Diese Anzeige eignet sich zur Beurteilung der Bilder. Sie bean-sprucht jedoch die längste Zeit für den Bildschirmaufbau. |

Falls Du die Anzeige einzelner Bilder im Dokument individuell festlegen möchtest, klicke mit der rechten Maustaste auf ein Bild und wählen den Kontextmenüpunkt ANZEIGELEISTUNG.
Im Untermenü wählst Du die gewünschte Anzeigeoption für das einzelne Bild.

### Grafik in den Grafikrahmen einpassen

Grafiken werden standardmäßig in ihrer Originalgröße in den Grafikrahmen eingefügt. Ist die Grafik größer als der betreffende Grafikrahmen ①, wird lediglich ein Ausschnitt ② der Grafik im Rahmen angezeigt (Abb. 29).

Die Größe des Grafikrahmens und die Größe der dort eingefügten Grafik kannst Du in InDesign auf verschieden Arten angleichen.

✓ Wähle den Grafikrahmen aus.
✓ Rufe nun den Menüpunkt OBJEKT - ANPASSEN auf, und wähle den gewünschten Untermenüpunkt, vgl. nachfolgende Tabelle
Alternative: Kontextmenüpunkt ANPASSEN
oder Klicke einfach auf das betreffende Symbol in der Steuerungs-palette ①.

**Abbildung 29:**
Bildausschnitt im Grafikrahmen

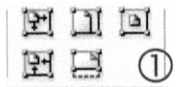

**Abbildung 30:**
Symbole der Steuerungspalette

➤ Beim verkleinerten Anwendungsfenster werden die Symbole in der Steuerungspalette zum Anpassen von Grafiken und Grafikrahmen ① nicht angezeigt (Abb. 30). Vergrößere einfach das Anwendungsfenster, um diese einzublenden

| Du möchtest ... | | |
| --- | --- | --- |
| die eingefügte Grafik nicht proportional an die Rahmengröße anpassen | ✓ wähle den Untermenüpunkt INHALT AN RAHMEN ANPASSEN. Alternativen: ⊞ bzw. ALT + STRG + E Die Grafik wird gedehnt bzw. gestaucht. |  |
| die Rahmengröße und -form an die Grafik anpassen | ✓ wähle den Untermenüpunkt RAHMEN AN INHALT ANPASSEN. Alternativen: ⊞ bzw. ALT + STRG + C Die Proportionen der eingefügten Grafik ändern sich nicht. |  |
| den Inhalt innerhalb des Grafikrahmens zentrieren | ✓ wähle den Untermenüpunkt INHALT ZENTRIEREN. Alternativen: ⊡ bzw. ⇧UMSCHALTEN + STRG + E Die Proportionen des Inhalts und der Grafik bleiben unverändert erhalten |  |
| die eingefügte Grafik - ohne Veränderung der Proportionen - an die vorhandene Rahmengröße anpassen | ✓ wähle den Untermenüpunkt INHALT PROPORTIONAL ANPASSEN. Alternativen: ⊟ bzw. ⇧UMSCHALTEN + ALT + STRG + E Wenn Rahmen und Inhalt unterschiedliche Proportionen oder Formen haben, bleibt dabei ein Teil des Rahmens leer. Klicke doppelt auf einen Ziehpunkt, um den Rahmen schnell an die neue Grafikgröße anzupassen. |  ⬆ Doppelklick |
| die Grafik proportional so vergrößern bzw. verkleinern, dass sie den Rahmen komplett ausfüllt | ✓ wähle den Untermenüpunkt RAHMEN PROPORTIONAL FÜLLEN. Alternativen: ⊟ bzw. ⇧UMSCHALTEN + ALT + STRG + C Gegebenenfalls wird hierdurch die Grafik beschnitten. |  |

# Inhaltsverzeichnisse erstellen

## Vorbereitende Arbeiten durchführen

Beim Erzeugen eines Inhaltsverzeichnisses durchsucht InDesign das Dokument nach Textpassagen, denen bestimmte Absatzformate (z. B. die selbst definierten Absatzformate Überschrift 1, Überschrift 2, Überschrift 3 ...) zugewiesen sind, und listet die entsprechenden Textpassagen auf.

Den einzelnen Einträgen werden im fertigen Inhaltsverzeichnis automatisch Absatzformate (z. B. InhVZ-Titel ①, InhVZ-Ebene 1 ②, InhVz-Ebene 2 ③...) (Abb. 31) zugewiesen, die Du wie die oben erwähnten Überschriften-Formate vor dem Erzeugen des Inhaltsverzeichnisses erstellen musst. Überdies wird jeder Verzeichniseintrag durch die Seitenzahl der Seite ergänzt, auf der sich die zugrunde liegende Textpassage im Dokument befindet.

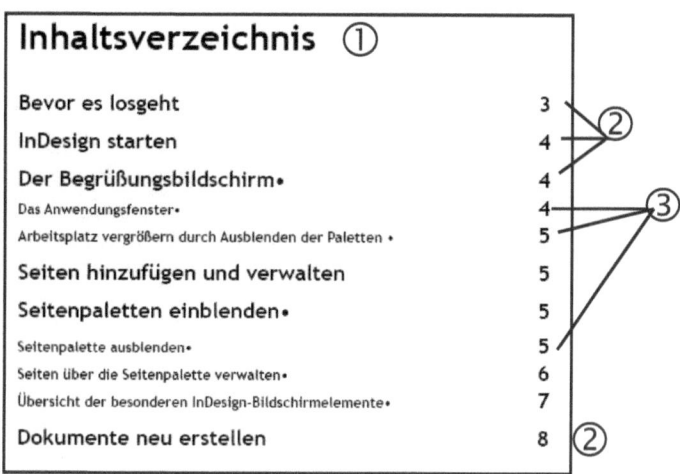

**Abbildung 31:**
Beispiel eines Inhaltsverzeichnisses

## Absatzformate für Überschriften verwenden

✓ Erstelle für jede Hierarchieebene der Überschriften ein eigenes Absatzformat ① (z. B. Überschrift 1).

✓ Weise den Überschriften in Deinem Dokument die entsprechen den Absatzformate zu.

✓ Erstelle verschiedene Absatzformate für die Einträge im Inhalts verzeichnis ② (beispielsweise InhVZ-Titel).

Definiere dabei für jedes Format einen Tabulator, um die später im Verzeichnis angezeigte Seitenzahl zu positionieren.
Um die Zuordnung der Seitenzahl zum jeweiligen Eintrag zu erleichtern, kannst Du auch Füllzeichen für den Tabulator festlegen.

✓ Füge am Anfang des Dokuments eine leere Seite ein, und erstelle für das Inhaltsverzeichnis einen Textrahmen in der gewünschten Größe.

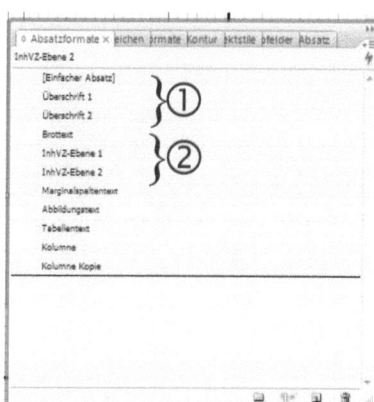

**Abbildung 32:**
Mögliche Absatzformate für ein Inhaltsverzeichnis

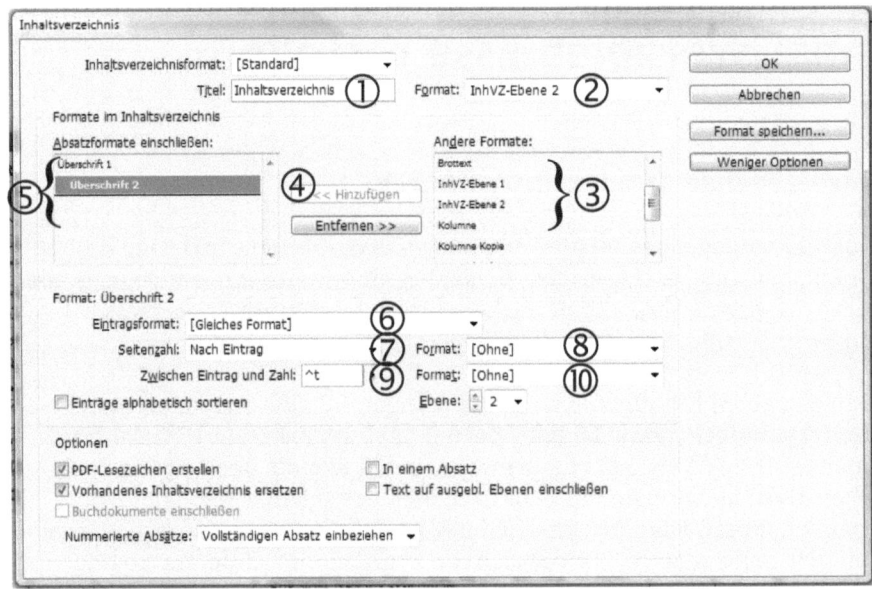

## Inhaltsverzeichnis erzeugen

✓ Rufe den Menüpunkt LAYOUT - INHALTSVERZEICHNIS auf, um das Dialogfenster INHALTSVERZEICHNIS einzublenden (Abb. 29).

✓ Bestätige die Schaltfläche MEHR OPTIONEN, um alle Einstellungs möglichkeiten im Dialogfenster anzuzeigen.

✓ Trage im Eingabefeld ① einen Titel für das Inhaltsverzeichnis ein und lege im Listenfeld ② das Absatzformat für den Titel fest. Der Titel erscheint später über den Inhaltsverzeichniseinträgen.

✓ Wähle im Bereich ③ das Absatzformat der obersten Überschriften-Hierarchieebene, und bestätige die Schaltfläche ④, um den Eintrag in den Bereich ⑤ zu übernehmen.

✓ Weise nun im Listenfeld ⑥ der obersten Überschriften-Hierarchie ebene das Absatzformat zu, mit dem die entsprechenden Einträge im Inhaltsverzeichnis formatiert werden sollen.

✓ Bestimme anschließend im Listenfeld ⑦, wo bzw. ob die Seitenzahl im Inhaltsverzeichnis angezeigt werden soll.

✓ Weise der Seitenzahl bei Bedarf ein eigenes Zeichenformat über das Listenfeld ⑧ zu.

✓ Falls gewünscht, kannst Du im Listenfeld ⑨ein anderes Zeichen zwischen Verzeichniseintrag und Seitenzahl festlegen (z. B. ein Geviert-Leerzeichen).

✓ Lege dafür im Listenfeld ⑩ gegebenenfalls ein eigens Zeichen format für das Zwischenzeichen fest.

✓ Wiederhole nun die letzten Arbeitsschritte, um auch die restlichen Überschriften-Hierarchieebenen in das Inhaltsverzeichnis aufzunehmen.

✓ Anschließend mit Ok bestätigen.

✓ Klicke jetzt mit dem „geladenen" Mauszeiger in den Textrahmen, den Du zuvor für das Inhaltsverzeichnis erstellt hast.

### Bestehendes Inhaltsverzeichnis aktualisieren

✓ Positioniere die Einfügemarke an einer beliebigen Stelle inner halb des bestehenden Inhaltsverzeichnisses und rufe den Menü punkt LAYOUT - INHALTSVERZEICHNIS AKTUALISIEREN auf.
InDesign blendet nach erfolgreicher Aktualisierung ein Dialogfenster mit einer entsprechenden Meldung ein, das Du mit Ok schließen kannst.

➢ Du kannst die Funktionen des Dialogfensters INHALTSVERZEICHNIS auch nutzen, um andere Arten von Verzeichnissen (z. B. Abbil dungs- oder Personenverzeichnisse) zu erzeugen. Hierzu musst Du den betreffenden Textpassagen Absatzformate zuweisen, nach denen bei der Erstellung des Verzeichnisses gesucht wird.

# Letzte Kontrolle durchführen

### Dokumente mit dem Preflight überprüfen

Mit einer Preflight-Kontrolle kannst Du überprüfen, ob alle Dateien für die Belichtung Deines Dokuments (in InDesign auch die Satzdatei genannt) vollständig und korrekt sind. So erhälst Du zum Beispiel Hinweise auf feh-lende Schriftarten bzw. nicht in das CMYK-Format umgewandelte Bilder und kannst diese Probleme beheben.

✓ Öffne das zu kontrollierende Dokument.
✓ Rufe den Menüpunkt DATEI - PREFLIGHT auf.
Das Ergebnis erscheint als Übersicht im Dialogfenster Preflight. Problemstellen werden mit einem Warndreieck ⚠ gekenn-zeichnet.
✓ Klicke auf die Kategorien im linken Bereich, um die Probleme zu beheben.

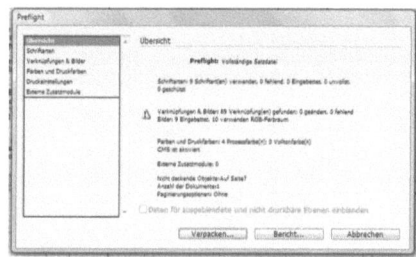

**Abbildung 34:**
Dialogfenster Preflight

### Schriftarten

Die im Dokument verwendeten Schriftarten werden in der Kategorie Schriftarten aufgelistet. Schriftarten, die nicht auf dem System installiert bzw. aktiviert sind, werden im Feld STATUS ① als FEHLEND gekennzeichnet. Schriftarten, die am Bildschirm-, jedoch nicht im Druckerzeichensatz ent-halten sind, werden hier als UNVOLLSTÄNDIG gekennzeichnet.
Schriftarten sind urheberrechtlich geschützt und dürfen nur an Produkti-onspartner weitergegeben werden, wenn diese über entsprechende Lizenz-rechte verfügen.
Über die Schaltfläche SCHRIFTART suchen ② kannst Du bei Bedarf Schrift-arten durch andere ersetzen (Abb. 35).

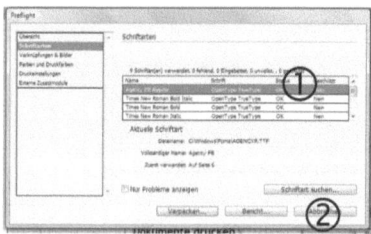

**Abbildung 35:**
Dialogfenster Preflight - Verknüpfungen

### Verknüpfungen & Bilder

In dieser Kategorei werden alle Bilder und Bildverknüpfungen angezeigt. Falls Du Bilder verschoben bzw. geändert hast, werden diese im Feld STATUS entsprechend gekennzeichnet (Abb.36).
Über die Schaltfläche ERNEUT VERKNÜPFEN ① bzw. ALLE REPARIEREN ② kannst Du die Verbindung zu einzelnen bzw. allen Dateien erneut herstellen.

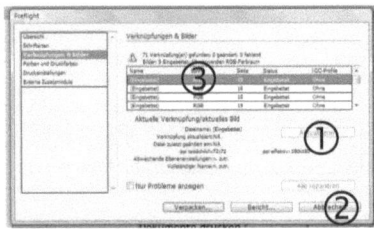

**Abbildung 37:**
Dialogfenster Preflight -
Verknüpfungen

Der von Bildern verwendete Farbraum wird im Bereich ③ angezeigt. Falls Bilder in einem anderen als dem CMYK-Farbraum vorliegen, solltest Du diese in einem Bildbearbeitungsprogramm umwandeln und die Verknüpfungen aktualisieren.

### Farben und Druckfarben

In dieser Kategorie kannst Du die im Dokument verwendeten Druckfarben kontrollieren.

### Druckeinstellungen

Die im Druckdialog eingestellten Ausgabeparameter kannst Du hoier überprüfen.

# Dokumente drucken

### Dokumente sofort drucken

Möchtest Du Dein Dokument direkt auf Papier ausgeben, dann gehe folgt vor:

Drucken

$\boxed{\text{STRG}} + \boxed{\text{P}}$

✓ Rufe den Menüpunkt DATEI - DRUCKEN auf.
  Alternative: $\boxed{\text{STRG}} + \boxed{\text{P}}$
✓ Bei Bedarf änderst Du im geöffneten Druckdialog die Anzahl der Kopien ①.
✓ Falls Du nur bestimmte Seiten drucken möchtest, gib die gewünschten Seiten im Eingabefeld bereich ② ein.
✓ Starte den Ausdruck indem du auf DRUCKEN klickst.

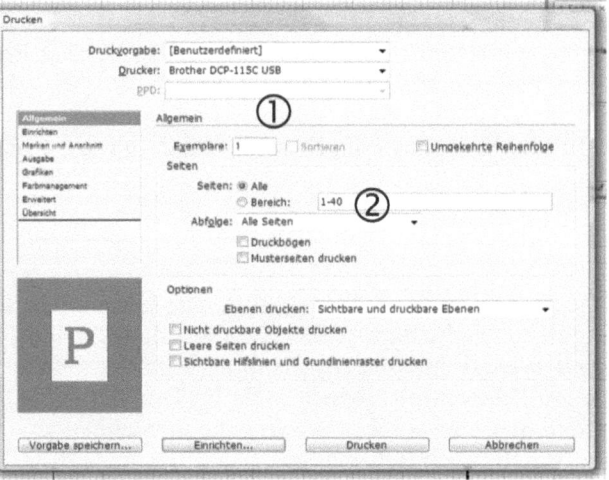

**Abbildung 38:**
Dialogfenster Drucken

### Dokumente als Pdf ohne zu exportieren

Möchtest Du Dein Dokument als PDF ohne das ganze Dokument zu exportieren, dann gehe wie folgt vor:

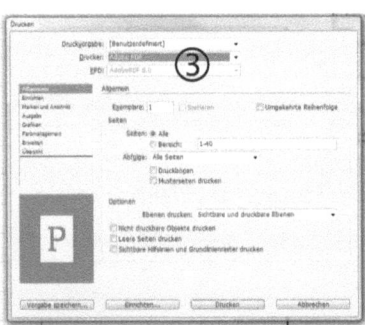

✓ Rufe den Menüpunkt DATEI - DRUCKEN auf.
  Alternative: $\boxed{\text{STRG}} + \boxed{\text{P}}$
✓ Klicke nun auf des Listenfeld DRUCKER ③ und wähle dort PDF aus.
✓ Nun den Ausdruck mit einem Klick auf DRUCKEN bestätigen und Dein Dokument wird als PDF erstellt.

**Abbildung 39:**
Dialogfenster Drucken
Erstellen von PDFs

# Dokumente speichern und schließen

## Dokument erstmalig speichern

✓ Rufe den Menüpunkt DATEI - SPEICHERN auf.
Alternative: ⎡STRG⎤ + ⎡S⎤
Das Dialogfenster SPEICHERN unter wird eingeblendet.

✓ Gebe nun einen Namen für das Dokument im Listenfeld
DATEINAME ① ein.
Der Dateityp InDesign CS3-Dokument ② ist standardmäßig
gewählt. Der Dateiname erhält automatisch die Erweiterung .idd.

✓ Lege nun über das Listenfeld SPEICHERN IN ③ dem Speicherort
fest.

✓ Bestätige nun den Speichervorgang mit der Schaltfläche
SPEICHERN ④.

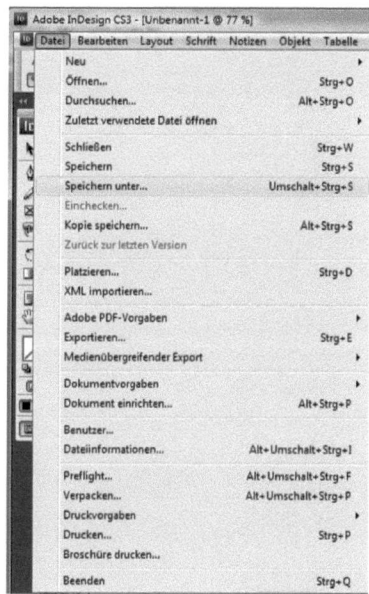

**Abbildung 40:**
Dokument speichern

Dokument speichern

⎡STRG⎤ + ⎡S⎤

**Abbildung 41:**
Dialogfenster Speichern

## Richtlinien für Namen

Der Dateiname kann maximal 255 Zeichen lang sein (unter anderem ab-
hängig vom Betriebssystem) und darf folgende Zeichen nicht enthalten:
/ \ : * ? • I < >

## Gespeichertes Dokument nochmals (zwischendurch) speichern

Während der Arbeit mit InDesign solltest Du immer wieder einmal speichern. Bei einem Stromausfall oder einem ungeplanten Programmabbruch
vermeidest Du damit größere Datenverluste.

✓ Rufe den Menüpunkt DATEI - SPEICHERN auf.
Alternative: ⎡STRG⎤ + ⎡S⎤

➤ Beim erneuten Speichern einer Datei mit diesem Menüpunkt bzw.
dieser Tastenkombination wird das Dialogfenster SPEICHERN
UNTER nicht mehr eingeblendet.

### Eine zweite Version eines Dokuments speichern

Du kannst ein bereits gespeichertes Dokument jederzeit z. B. unter einem neuen Namen bzw. an einem anderen Ort speichern.

✓ Rufe dazu den Menüpunkt DATEI - SPEICHERN UNTER auf. Alternative: ⇧UMSCHALTEN + STRG + S
✓ Nimm nun die gewünschten Einstellungen vor und bestätige diese mit der Schaltfläche SPEICHERN.

➢ Nach dem Schließen des Dialogfensters wird automatisch die bisherige Datei geschlossen und die neue Datei wird angezeigt.
➢ Möchtest Du lediglich eine Kopie des aktuellen Dokuments anfertigen, kannst Du den Menüpunkt DATEI-KOPIE SPEICHERN aufrufen. In diesem Fall wird eine Kopie der Datei mit dem Namenszusatz Kopie angelegt. Nach dem Speichern der Kopie bleibt das Originaldokument aktiv.

### Die zuletzt gespeicherte Version wiederherstellen

Du kannst die zuletzt gespeicherte Fassung des aktuellen Dokuments wiederherstellen:

✓ Rufe dazu den Menüpunkt DATEI - ZURÜCK ZUR LETZTEN VERSION auf.

Nun werden alle Aktionen, die seit dem letzten Speichern durchgeführt wurden, werden zurückgenommen.

### Dokument schließen

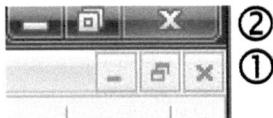

**Abbildung 42:**
Dokument schließen

✓ Rufe den Menüpunkt DATEI - SCHLIESSEN auf, oder betätige die Tastenkombination STRG + W.
oder klicke bei maximiertcn Dokumentenfenster auf das untere Schließfeld ✖ ① in der rechten oberen Fensterecke bzw. beim verkleinerten Dokumentenfenster auf das Schließfeld des Dokumentenfensters ✖ ②, wie bei anderen Programmen, z. B. Word auch.

Wurde das Dokument seit der letzten Änderung nicht mehr gespeichert, kann die aktuelle Version noch auf Rückfrage (Dialogfenster) gespeichert werden.

Dokument schließen

STRG + W

## Ungespeicherte Änderungen mit der automatischen Wiederherstellung retten

Durch einen System-bzw. Stromausfall kann es vorkommen, dass Änderungen noch nicht gespeichert wurden. In solchen Fällen versucht InDesign, das Dokument automatisch zu sichern.
Öffne die gesicherte Datei wie folgt:

✓   Starte InDesign erneut.
    InDesign lädt automatisch die gesicherte Datei und zeigt den Zusatz [WIEDERHERGESTELLT] in der Titelleiste.
✓   Speichere nun diese Datei über den Menüpunkt DATEI - SPEICHERN UNTER.
    Alternative:  ⇧ UMSCHALTEN  +  STRG + S

## InDesign beenden

✓   Rufe dazu denn Menüpunkt DATEI - BEENDEN auf.
    Alternativen:  ☒ bzw.  STRG + Q

Falls eine oder mehrere geöffnete Dateien nicht in ihrer aktuellen Version gespeichert sind, öffnet InDesign noch ein Dialogfenster und fragt ob diese Dateien noch gespeichert werden sollen.

Programm beenden

STRG + Q

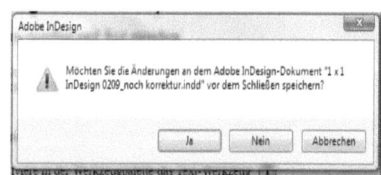

**Abbildung 43:**
InDesign beenden

## Abwärtskompatibilität

Du hast Dich zwar entschieden, mit dem neuen InDesign CS3 zu arbeiten bzw. dieses Programm zum Arbeiten zur Verfügung gestellt bekommen – das heißt natürlich nicht, dass alle deine Produktionspartner, Kommilitonen, Kollegen usw. ebenfalls über dieses Programm verfügen! Eine in CS3 erstellte INDD-Layoutdatei lässt sich **nicht** in InDesign CS2 öffnen.
Dennoch hat Adobe eine Abwärtskompatibilität eingebaut – der Schlüssel ist das Dateiformat **INX (InDesign Interchange).**

✓   Um eine INX-Datei zu erzeugen, wähle den Menüpunkt DATEI - EXPORTIEREN und stelle als DATEITYP das *InDesign Interchange-Format* ① ein.

Dieses INX-Dokument lässt sich nun auch in InDesign Cs2 öffnen.

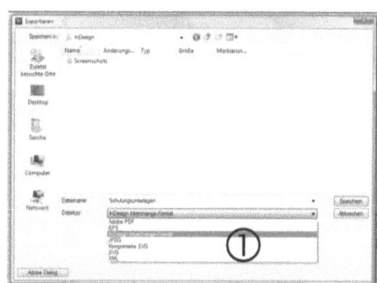

**Abbildung 44:**
Dokument im Interchange Dateiformat speichern (Abwärtskompatibilität)

# Literatur zu InDesign CS3 (Auswahl)

Charlotte von Braunschweig und Linda York:
**Adobe InDesign CS3 für Windows – Grundlagen.**
HERDT-Verlag für Bildungsmedien, Bodenheim; überarb. Ausg.
11.08.2008, broschiert, 210 Seiten, 16,95 EUR, http://www.herdt4you.de

Die kompakte Broschüre bietet eine systematische und didaktisch gut aufbereitete Einführung in InDesign. Für wenig Geld die beste Wahl für jeden, der sich selbst in die Bedienung des Programms einarbeiten möchte. Mit Übungen an den Kapitelenden lässt sich das erlernte Wissen praxisnah festigen. Auf der Internetseite des Herdt-Verlages stehen dazu Übungs- und Ergebnisdateien zum kostenlosen Download bereit.

Hans P. Schneeberger und Robert Feix:
**Adobe InDesign CS3 verständlich erklärt: Der umfassende Einstieg.**
Verlag Galileo Press, Bonn; 1. Aufl. Sep. 2007, broschiert, 622 Seiten,
EUR 34,90, ISBN 978-3836210355

Das Praxiseinsteigerbuch mit mehr als 600 Seiten ist geeignet für alle, die InDesign lernen und beherrschen wollen und taugt ebenso als Nachschlagewerk für Profis. Gekonnt auf den Punkt gebracht und mit einer Menge Praxisbezug reichen die Themen vom ersten Kennenlernen der InDesign-Oberfläche inklusive Menüs, Werkzeugen und Einstellungen bis zum ersten Layout. Eine zusätzliche Website zum Buch bietet dann noch weitere Kapitel wie zum Farbmanagement.

Christoph Grüder:
**Adobe InDesign CS3 mit DVD-ROM: Das Praxisbuch zum Lernen und Nachschlagen (mit Referenzkarte und Video-Lektionen).**
Verlag Galileo Press, Bonn; 4. Aufl. Sep. 2007, geb. Ausg. 734 Seiten,
EUR 59,90, ISBN 978-3836210126

*Das Praxisbuch zum Lernen und Nachschlagen* ist gleichzeitig Einsteigerlektüre für Indesign-Neulinge wie auch Nachschlagewerk für die täglichen Praxisfragen. Es überzeugt durch eine übersichtliche und klare Struktur, ein angenehmes Layout und ist leicht lesbar. Das fundierte Expertenwissen ist pädagogisch gut aufbereitet. Sehr viele farbige Abbildungen erleichtern zudem den Einstieg in das Arbeiten mit dem Programm InDesign.

Isolde Kommer und Tilly Mersin:
**Adobe InDesign CS3: Professionelles Publishing für Print und Web.**
Verlag Addison-Wesley, München; 1. Aufl. 27.09.2007, broschiert. 514
Seiten, EUR 49,95, ISBN 978-3827325617

Aufbau und Struktur der Themen sind übersichtlich und verständlich, das Layout klar und gut lesbar, die Beispiele sind praktisch und aus Arbeitszusammenhängen heraus erklärt. Die Lernkurve ist auch für „richtige" Einsteiger gut machbar und es gibt zahlreiche Blicke über Indesign hinaus auf die Grundlagen von Layout, Druck etc. Neben den Grundlagen liefern die Autorinnen auch eine Anleitung für die Frage „Wie setze ich Adobe Indesign CS3 effektiv ein".